Personas de la comunidad

Los veterinarios

Diyan Leake

Heinemann Library
Chicago, Illinois

Customer Service 888-454-2279
Visit our website at www.heinemannraintree.com

Designed by Joanna Hinton-Malivoire and Steve Mead
Printed in China by South China Printing Company Limited
Translation into Spanish by DoubleO Publishing Services

12 11 10 09 08
10 9 8 7 6 5 4 3 2 1

ISBN-10: 1-4329-1999-7 (hc) -- ISBN-10: 1-4329-2006-5 (pb)
ISBN-13: 978-1-4329-1999-3 (hc) -- ISBN-13: 978-1-4329-2006-7 (pb)

Library of Congress Cataloguing-in-Publication Data

Leake, Diyan.
  [Vets. Spanish]
  Los veterinarios / Diyan Leake.
    p. cm. -- (Personas de la comunidad)
  ISBN 978-1-4329-1999-3 (hardcover) -- ISBN 978-1-4329-2006-7 (pbk.)
  1. Veterinarians--Juvenile literature. 2. Veterinary medicine--Vocational guidance--Juvenile literature. I. Title.
  SF456.L4318 2008
  636.089--dc22

Acknowledgments
The publishers would like to thank the following for permission to reproduce photographs:
©Alamy pp. **13** (Jim Wileman), **14** (Arco Images), **21** (Blend Images); ©Associated Press pp. **6** (Jessie Cohen), **10**, **17** (Steve Chernek), **22 (bottom)** (Steve Chernek); ©Corbis pp. **15** (Larry Williams/Zefa), **19** (Jim Craigmyle), **20** (Frank Lukasseck); ©digitalrailroad (Stewart Cohen) pp. **8**, **22 (middle)**; ©Getty Images pp. **4** (Ingolf Pompe), **7** (Gary Benson), **9** (Li Zhong/ChinaFotoPress), **18** (Hassan Ammar/AFP), **22 (top)** (Ingolf Pompe); ©Peter Arnold Inc. pp. **11** (PHONE Labat J.M./Rouquette F.), **12** (PHONE Labat J.M./Rouquette F.), **16** (Jorgen Schytte); ©Shutterstock (Emin Kuliyev) p. **5**.

Front cover photograph of a vet examining a chimpanzee on Ngamba Island reproduced with permission of ©Corbis (Penny Tweedie). Back cover photograph reproduced with permission of ©Alamy (Blend Images).

Every effort has been made to contact copyright holders of any material reproduced in this book. Any omissions will be rectified in subsequent printings if notice is given to the publisher.

Contenido

Comunidades

Las personas viven en comunidades.

Las personas trabajan en comunidades.

Los veterinarios de la comunidad

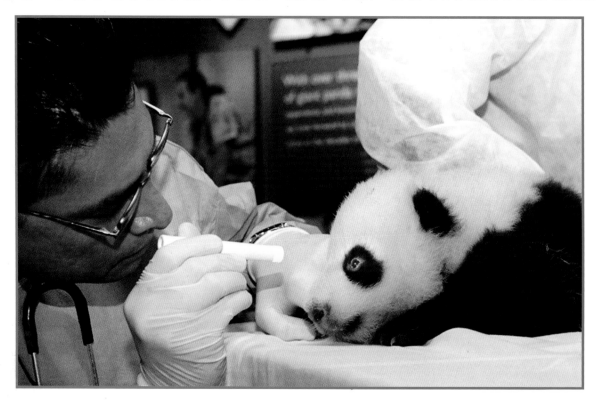

Los veterinarios trabajan
en comunidades.

Los veterinarios ayudan a los animales a mantenerse saludables.

¿Qué hacen los veterinarios?

Los veterinarios trabajan con mascotas.

Los veterinarios trabajan
con animales salvajes.

Los veterinarios ayudan a los animales
cuando están enfermos.

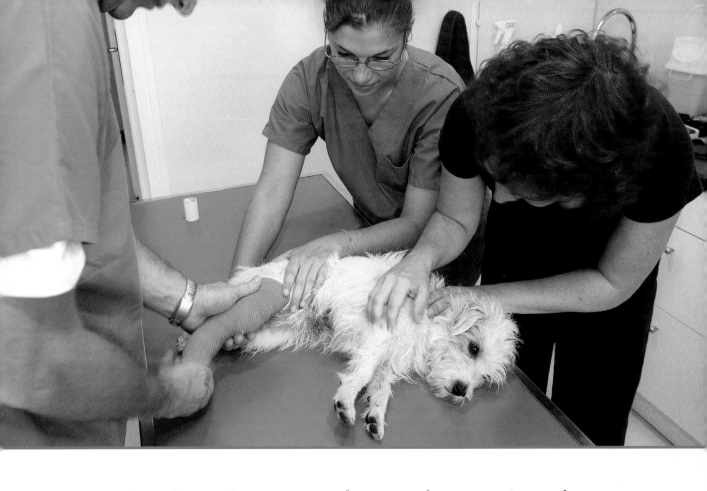

Los veterinarios ayudan a los animales
cuando están heridos.

¿Dónde trabajan los veterinarios?

Los veterinarios trabajan en consultorios.

Los veterinarios trabajan en granjas.

¿Qué usan los veterinarios?

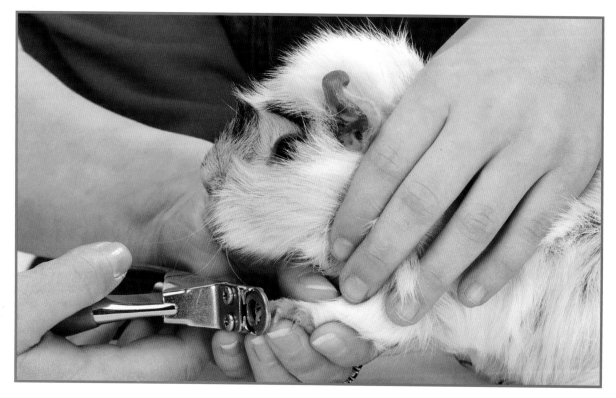

Los veterinarios usan instrumentos.

Los veterinarios usan las manos.

Las personas que trabajan con los veterinarios

Los veterinarios trabajan con los granjeros.

Los veterinarios trabajan con
los guardianes de zoológicos.

Los veterinarios trabajan con los adultos.

Los veterinarios trabajan con los niños.

¿Cómo nos ayudan los veterinarios?

Los veterinarios ayudan a los animales a mantenerse saludable.

Los veterinarios ayudan a la comunidad.

Glosario ilustrado

comunidad grupo de personas que vive y trabaja en la misma zona

mascota animal que vive con las personas en sus hogares

guardián de zoológico persona que trabaja con los animales salvajes de un zoológico

Índice

Nota a padres y maestros

Esta serie presenta a los lectores las vidas de los distintos trabajadores de la comunidad, y explica algunos de los distintos trabajos que desempeñan en todo el mundo. Algunos de los lugares que aparecen en el libro incluyen Zurich, Suiza (página 4); Ciudad de Nueva York, NY (página 5); Washington, D.C. (página 6); Hangzhou, China (página 9); Ain Arab, Líbano (página 18), y la Isla Ngamba (portada).

Comente con los niños sus experiencias con veterinarios de la comunidad. ¿Conocen a algún veterinario? ¿Han visitado alguna vez una clínica veterinaria? ¿Cómo era? Comente con los niños por qué las comunidades necesitan veterinarios.

Pida a los niños que revisen el libro y nombren algunos de los instrumentos que ayudan a los veterinarios a hacer su trabajo. Entregue a los niños cartulina para afiches y pídales que dibujen veterinarios. Pídales que dibujen la ropa, los instrumentos y los vehículos que usan para trabajar.

El texto se ha elegido con el asesoramiento de una experta en lecto-escritura para garantizar el éxito de los lectores principiantes en su lectura independiente o con apoyo moderado. Puede apoyar las destrezas de lectura de no ficción de los niños ayudándolos a usar el contenido, el glosario ilustrado y el índice.